전진홍 지음

내 생각대로,
이대로 공감.

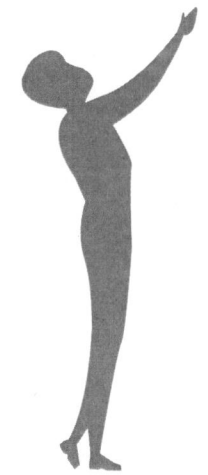

색안경

목차

01 이대로 공감 — 4p

02 연애란? — 15p

03 직장이라면 — 26p

04 대학생활 — 32p

05 트렌드 — 38p

06 유머러스 — 50p

07 월화수목금토일 — 56p

01 이대로 공감

일상 속 은은하게 숨어있는
소소한 공감 포인트들
그 이야기를 따라가다 보면
미소를 가득 머금은 채 웃는 우리가 있을 거야

주말

월요일이 내일이라니,
아직 채 펼치지 못한 꿈처럼
주말은 왜 이리도 짧은 건가.
눈 깜짝할 새 사라진 시간은
야속하게도 허무만 남기네.

온 마음 다해 붙잡고 싶어도
모래알처럼 스르르 흘러내려
결국 빈손이 되고 마는
이 허전함, 이 깊은 아픔은
나만의 것이 아닐 테지.

알람

모닝콜 열 개를 울려도
아직은 꿈속을 헤매는 몸
이불 밖은 왜 이리 싫지!
잠은 왜 또 이렇게 달콤한 거야.

어느새 시간은 저만치 달아나
결국, 지각 코앞
허둥지둥 튀어 오르는 아침
오늘도 공감할 수밖에 없는
나의 하루가 시작된다.

배달

띵동,
익숙한 소리에 빨라지는 발걸음.
망설임 없이 문을 향해 뛰쳐나가면
설렘 가득한 순간이 열리고
세상 모든 행복이
문밖에서 기다리는 듯.

따뜻한 온기, 설레는 향기,
봉투를 여는 순간 마주하는
나만의 작은 축제,
오늘도 행복이 오픈.

충전기

어디 갔니, 내 사랑?
애타게 찾아 헤매는 나를 봐.
콘센트 없는 불안한 방에서
너의 불빛에만 의지하며
점점 어두워지는 불안함에
내 마음도 함께 꺼져가고 있어.

폰 꺼지면 세상과 단절,
문자도, 소식도....
모든 연결이 끊기고
고립된 섬이 되고 말아.

오늘도 나는
충전기 하나에 매달려
생존 소식을 전하고 있어.

커피

아메리카노 한 잔에
쏟아지는 졸음이 싹 달아나면
얼마나 좋을까!

간절히 바라는 아침의 기적.
피로가 말끔히 씻겨 내려갈
그런 마법이 필요해

하지만 현실은 언제나 냉정해

항상 찾아오는 익숙한 신호에
발 빠른 걸음으로 화장실 직행.
오전의 커피로 각성하는
환상을 이루지 못하고

다른 오전 임무 수행 중!

집콕

집에 있으면 세상 편한데,
모든 걱정 내려놓고
오롯이 나만을 위한 시간,
이보다 더 좋은 안식처는 없겠지.

아늑한 이 공간 속에서
얻는 나만의 평화가 너무 좋아.

하지만 나가면 돈이다, 흑. ㅠㅠ
작은 행복도 지갑을 열어야 하는 세상.

문밖은 온통 유혹으로 가득하고
결국 또 한숨 쉬며
주머니를 뒤적여보지만
결국엔 집콕을 택하게 되네.

침대

눈을 떠도 너무 일어나기 싫어.

따스하게 감싸는 하얀 품속이
나를 놓아주지 않아.
포근하고 하얀 구름 같은
포근함과 베인 향이
온몸을 감싸고
달콤한 잠의 잔향을 돋구어
나를 더 붙잡는구나.

세상 모든 유혹을 뿌리칠 힘도
아침의 의무를 외면하고 싶게 만드는

너무 편해서 움직일 수 없는 이끌림.
오늘도 오전의 사랑은
너로 가득 채워지네.

택배

어제 분주한 손가락 덕분에
오늘은 설렘 가득해.

지금쯤 어디쯤 오고 있을까

송장 번호 확인만 몇 번
현관문 밖 작은 소리에도
너무 민감해져.

지금 나?
목 빠지게 기다리는 중
이 순간이 영원하지 않길 원해

곧 행복이 문을 두드릴 테지.

작은 상자 속에 담겨 올
오늘 나의 기쁨

퇴근

퇴근길은 정말, 언제나 설레!

발걸음은 저절로 가벼워지고
무거운 어깨 위에 쌓였던
하루의 피로는
어둠 속으로 녹아들지.

자유를 향해 가는 시간 속에
잠시나마 살아 숨 쉬는 것 같아.

내일은 또 출근이지만,
그래도 이 순간만큼은
누구에게도 방해받고 싶지 않아.
나만의 소중한 행복.

짧아서 더 애틋한 퇴근길
너무 좋아.

재택

재택근무 좋다고
누가 그랬어!

편안한 복장, 자유로운 시간에
정말 나는
꿈꾸던 삶이 펼쳐질 줄 알았지.

더 이상 출퇴근 지옥도,
억지웃음 지을 필요도 없는
나만의 세상일거라 생각했어.

하지만 결국 나는 집순이.
외출은 점차 줄어들고
세상과의 연결은 화면 속에서만

창밖 세상 구경도 잊은 채
온종일 집 안에 갇힌 나네.

이것이 진정 꿈꾸던 자유였을까.

02 연애란?

너와 내가 모여 우리가 되고
우리가 함께하며 기억이 되고
기억이 바래지면 추억이 남아

끝내 추억이 아름답게 무르익어
흉터를 덮어갈 때 쯔음엔
또 다른 우리를 만들기 위한
준비가 되어있을 거야

이 모든 과정이 모이면..

썸

썸인데...
벌써 기대되는 건 왜일까?

사소한 눈빛 하나에도
무심한 한마디에도
숨겨진 의미를 찾으려 애쓰고 있어.

봉우리 진 감성 꽃이 꽃 피울 때마다
너와 나의 달콤한 미래를 꿈꾸지

하지만, 이 모든 떨림...
혹시, 나만의 착각일까?
혹시, 일방적인 마음일까?

조심스레 내민 손이 닿을 듯 말 듯 해
즐거운 설렘 속에서
오늘도 나는 너를 바라봐.

고백

고백? 용기 맞아.
수없이 머릿속에서 빙빙빙 돌던 말들,
몇 번이고 입에서 되풀이되던 말들,
목 끝까지 차올랐다 사라지기를,
얼마나 반복했어.

가끔 내 가슴을 찌르는,
너의 한마디에 불안감은 커지지만,
너에게 한 걸음 더 다가서게 돼.

잘 될까? 결과는 미지수.

새로운 시작, 두근두근 설렘일까 ,
돌이킬 수 없는 후회만 남을까.

터질 듯한 내 심장의 울림을 느끼는 순간,
내 운명은 너의 답에 달려 있게 돼.

데이트 비용

밥값은 내가, 기분 좋게 냈으니
커피는 네가, 자연스레 계산.

눈빛만으로도 통하는 이런 서로의 센스,
너무 좋아.

주고받는 소주 한잔 속에,
오가는 마음은 같은 색깔이 되어,
위장 속에 부어진 술우물의 깊이처럼,
더욱 깊어지고 있어.

그래도 어색함 없이, 더치페이!
우리만의 편한 사랑법이야.

소박하지만 확실한 행복으로 채우고,
서로를 배려하며 함께 걸어가는,
이것이 바로 우리의 미래지.

사랑

사랑은 아픔이라고,
누가 말했는데.

사랑하면 왜 아파야 하는 거야?
그리고 사랑하면 아픔의
깊이도
크기도
같아야 하는 거 아니야?

그런데 나만 아파.

가슴 저미는 사랑의 통증이
오롯이 나의 몫이라면
다시 하고 싶지 않아.

사랑은 모두에게 공평하지만,
홀로 남겨진 외로움은,
오늘도 내 몫이네.

이별

헤어지잔 말, 왜 이렇게 쉬워?

차가운 공기처럼 툭,
어렵지도 않게 내뱉은 짧은 몇 음절이
내 세상을 망치고 있잖아.

그토록 소중했던 시간이... 뭐래!
구구절절할 뿐이야.

과거를 지우는 건 어려워, 네 기억.
머릿속을 떠도는 연속된 시간,
폐부 깊숙이 스며들어,
내가 기억하는 익숙한 향기.

지운다고 지워도,
취한다고 취해도,
만난다고 만나도,
나는 너와의 이별과 싸우고 있어.

친구

친구여~ 다시 만날....
(조용필의 노래 한 구절이 들리는 순간)

진정한 친구? 너야?!
너라면,
초라했던 시절,
감추고 싶은 실수를 한 순간,
영광에 빛나고 있는 순간까지
모두 기억하고 있잖아.

내 흑역사 다 알고 있는
그래, 바로 너.

어떤 경우에도
아껴주는 유일한 존재,
나의 모든 것을 사랑해 주는
나의 벗
나의 친구

로맨스 스캠

통화만 하고
SNS로 일상을 공유하는
따뜻한 네 목소리,

수화기와 모니터 화면 가득 채운
너의 미소 한 장에
곁에 있는 듯 착각이 들어.

롱디?, 사는 곳?
생각해 본 적 없어.

내 공간에서의 사랑은 깊어만 가는데.
통화가 끝나고 화면이 꺼지면
현실은 솔로 ,
텅 빈 방에 홀로 남겨져
깊은 한숨만 쉬게 돼.

닿을 수 없는 거리에 서서
핸드폰만 바라보고 있어.

남사친 / 여사친

우리 친구 맞지?

분명 친구라 했잖아.

근데 왜 이래?
어느 날부터
눈빛은 깊어지고
스쳐 가는 손끝이 떨리고 있잖아.

웃어도 웃는 게 아니잖아.

이것이 썸???? 헷갈려.

우정을 넘어서는 감정이 필요해?
내 착각이지?!
밤새도록 고민해도 답은 없고, 미치겠어.

알 수 없는 너의 마음에
또다시 흔들리는 하루가 시작됐어.

질투

타오르는 불꽃처럼
질투는 힘차고, 색깔은 붉지!

빛나는 너의 모습을 누구보다
빨리 찾고 싶어
나도 모르게 발걸음은 빨라지고
더 많이 알고 싶고,
인정받고 싶은 욕망이
나를 채찍질해.

아니면, 병이겠지.

속삭여도

소리 없는 아우성
갉아먹는 고통은
여전히 똑같애.

소개팅

설렘 가득 안고 소개팅 나가면,

"정말 좋은 분이세요,"

왜? 웃어?
제 타입이 아니에요! 라고 말하지.

그리고 마지막 한마디,

"곧 연락드릴게요."

뭐래!
기다려도 연락 안 할거잖아.

핸드폰 들고,
혼자만의 착각 속에
공상과학소설과
판타지 소설을 넘나들고 있어.

03 직장이라면

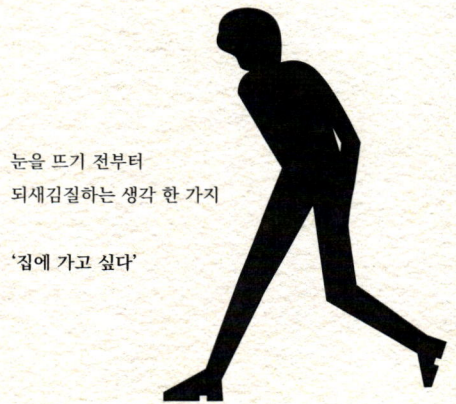

눈을 뜨기 전부터
되새김질하는 생각 한 가지

'집에 가고 싶다'

야근

어둠이 깔린 사무실
많은 시간을 함께하는 밝은 모니터

밝은 건 좋은데,
조금은 신경 꺼줄래!

나는 너와 함께 밤을 지새우며
야근하고 싶지 않아.

검은 창밖의 세상은 고요에 쩔어 있는데,

퇴근이는 언제쯤 만날까?

휴식, 너에게로 향하는 발걸음과
두 팔을 하늘로 뻗는 자유는
아직도 저만치 멀리 있나 보다.

오늘도 나는 퇴근이
너를 기다린다.

상사

우리 대리의 말은
거스를 수 없는 절대적 진리라
오늘도 나의 귀를 파고 있고.

옳고 그름을 따지기 전에
일단 따르고 봐야 우리 부장의 말에는
반사적으로 고개를 끄덕이게 돼.

하지만 곧 사장님의 등장으로
시궁창의 쥐처럼 모두가 서서
한 곳을 바라볼 뿐 말들이 없어.

겉으로는 웃어도 속은 문드러지고
삼켜야 할 말은 목구멍에 걸려 안 넘어가고
휴~ 답답해.
오늘도 나는 입을 다문 채
마음으로만 외치잖아.

병신~~~~~~~~~!

회의

정각에 시작된 회의는 길고,
돌고 도는 이야기 속에서
시간은 마치 멈춘 듯
빨리 흐르지 않네.

탁상 위 펜만 만지작거리며
내 노트에 그려지는 추상화 한편!

결국, 결론은 없었어.

니들 시간만 중요해!
내 시간도 중요해!

산처럼 쌓인 안건,
부질없는 시간에 지루함만 쌓여.
내일 또다시 반복될 이 지루함에서
도망가고 싶어.
지금 회의실에서 앉아 고독 씹는 중.

월급

잠깐의 설렘도 잠시,
빛의 속도고
월급은 통장을 Pass!

눈 깜짝할 새, 숫자는
1/100000로 줄어들고
흔적이나 있나 싶다.

계속해서
텅 빈 통장을 두드리는 건
이달의 예상 카드값.

급여 인생
00 인생
카드 인생

인생의 허무함이 연속되지만
난, 다시 다음 달 월급날을 기다릴 거야.

승진

어머! 축하해요.

여기저기서 들려오는
축하의 박수 소리는
나에게도 들리지만
승진은 언제나 남의 일이야.

비껴간 기회 앞에서
애써 미소 짓지만
씁쓸함은 내 몫이잖아.

저 자리, 나와 무관할 것 같은 자리.
하지만 포기하고 싶지 않아.
나에게도 기회가 올 거야.

나만의 봄 햇살을 마음에 품고
묵묵히 내 갈 길 가련다.

04 대학생활

떨리는 손으로 마우스를 누른다
두 손을 모으고 화면을 바라보니

로딩 중입니다..
로딩 중입니다..

[수강 정원이 마감되었습니다.]

시험기간

시험 기간만 되면,
갑자기 세상 모든 것이 재밌다.

오래된 드라마 정주행은 기본이고 ,
방구석 먼지 한 톨까지 눈에 들어온다.

창밖 구름의 모양도,
핸드폰 속 친구의 게시물도,
평소엔 스쳐 지나던 모든 것이
새로운 의미를 지닌다.

하지만 공부만 빼고.
책상에 앉아 펜을 들면
세상 모든 졸음이 몰려오고
머릿속은 온통 백지.

나는 공부만 빼고
모든 것에 집중하는
마법사가 돼버리지.

학점

4.0, 밤샘의 흔적과 고뇌의 시간에 얻은
안도와 뿌듯함의 결과이지.
하지만 잠시뿐이야.

3.0, 현실과 타협한 점수,
나쁘지 않지만 아쉬움 남는
괜찮다 스스로를 다독여도
채워지지 않는 갈증 같은 것.

2.0, 차가운 겨울의 시작을 알리는 경고.
낮아진 숫자만큼 무거워지는 어깨,
어딘가에서 분명 헤맸던 증거들.
다시 오르기 위해 힘을 내야 하는
불안한 채찍질이 시작돼.

학사경고.
허물어진 듯한 절망감,
세상이 끝난 것 같은 먹먹함.
그 단어 앞에서 나는 비로소
초월한 존재가 돼.

과제

창밖 어둠이 짙어질수록
과제는 쌓여가고,
지친 눈 비벼가며
나를 쳐다보는 점원의 모습을 흘깃.

비워진 커피잔에 슬며시
물을 받아와 채운 컵을
몸 안쪽으로 감추고
모니터만 뚫어지게 바라보고 있어.

아무리 졸리고 힘들어도
오늘 저녁 12시,
제출은 해야지.

계속해 울리는 악마의 카톡 알람 소리
이 악물고 버티며 한
완성 과제는 또 다른 숙제의 시작인 걸 알면서
오늘도 나는 제출 마감 시간을 향해
진행형이야.

졸업

넌 4년
난 6년

꿈이 현실이 돼버린 순간인데
마침내 손에 쥔 졸업장은
새로운 설렘의 허가증 같고,
하늘 위로 던져 올려진 학사모는
세상의 모든 자유가 내 것 같은 기분.

달콤한 해방도 잠시,
언제 취업할 거야?
어디 취업할 거야?
불합격의 문자들이 쏟아질 것만 같은
차가운 현실에 문득 정신이 드네.

이제는 성벽 없는 취업의 성전에서
모든 결정은 내가
모든 준비도 내가
스스로를 단련시켜야 해.

취업

수많은 이력서와 자기소개서,
취업은 바늘구멍 뚫기처럼
끝없이 좁고 아득하기만 하다.

좌절과 한숨 속에 하루는 저물고
나를 향한 냉정한 시선 속에서
오늘도 나는 길을 잃는다.

하지만, 이 지친 길의 끝에서
나에게도 밝은 날이 올까?

찬란하게 빛나는 미래를 꿈꾸며
다시 한번 용기를 내어 본다.

희망이라는 작은 불씨를 안고
오늘도 나는 나를 믿는다.

05 트렌드

최신 트렌드를 살펴보면
요즘 사람들의 관심사를 알 수 있다

참 다양하다 싶으면서도
서로 비슷한 관심사를 품는다는 것이

신기하다
그래서 더욱 즐겁다

물가

장바구니 가득 채우려 해도
물가는 오르고 또 오르고,
한숨만 깊어지는 매일의 밥상.

어제보다 비싸진 커피 한 잔에
얇아지는 내 지갑.

이 모든 것이 꿈이었으면.

월급은 그대로고.
고된 노동의 대가가 무색하게
현실은 언제나 냉정해.

끝없이 멀어지는 꿈들 속에서
슬프다 정말.

주식

끊임없이 변하는 숫자들에
주식이 아닌 주식이 돼.

빨간 막대와 파란 막대와
온탕과 냉탕을 몇 번이고 오고가네.

쏟아지는 수많은 정보, 예측
하지만, 결국 내 운은 미지수.

오르면 환희에 찬 비명,
세상 모든 것을 얻은 듯한 느낌.

하지만 떨어지면 폭망,
세상 모든 것이 무너진 것 같아.

오늘도 나는 계속 그려지는
선의 예술을 지켜보며
희비하고 있지

배당주

풍우 치는 차트 속에서도
조용히 빛나는 배당주.

매일매일 요동치는 숫자보다
묵묵히 쌓아가는 씨앗처럼
느리지만 꾸준한 걸음을 택한다.

조급함 없는 기다림의 미학.

약속된 날 찾아오는 작은 선물,
통장에 찍히는 배당금 숫자.

큰 욕심 없이 쌓아 올리는 행복은
팍팍한 일상에 단비처럼 내린다.

오늘도 나는 이 꾸준함 속에서
미래를 심고 이대로 공감한다.

부동산

언젠가 나만의 성벽을 세우고
따뜻한 보금자리를 꾸릴
내 집 마련의 꿈.

몇백 번이고 수없이 그려왔던 그림은
점점 더 멀어져만 간다.
간절한 바람은 한숨이 되고.

하지만 현실은 월세 인생.
매달 어김없이 찾아오는 청구서,
쌓여만 가는 머니의 압박.

내 이름으로 된 주소 하나 없이
그 꿈을 포기 못 하고 있어.

SNS

빛나는 필터 발,
완벽하게 비스듬한 구도,
진실과 거짓의 교차 경계.

화면 속 세상은 늘 행복 가득해.
최고의 순간들만 모아둔 그곳에서
모두가 완벽한 삶인데,
난 왜 이래?.

시궁창 현실,
어지러운 방, 밀린 빨래,
켜켜이 쌓인 피로 속에서
나는 또다시 화면 속 남을 동경해.

아름다운 가상,
초라한 현실,
너의 선택은?

팔로워 10명

빛나는 미소, 화려한 일상,
세상 모든 것을 가진 듯한
인플루언서, 개 부럽다.

나만의 콘텐츠 갖고 싶어.
누군가 협업하고 찾아주는
삶을 살고 싶어,

그래! 나도 따라 해볼까?
그들처럼 특별해지고 싶어.

하지만 현실의 벽은 높고
차가운 숫자만이 나를 비웃지.
열심히 찍고 올린 사진 아래
슬프도록 선명한 팔로워 10명.
숫자와 같은 단어가 뱉어져.

구독

마음 저며 드는 영상에,
피식 웃음 터지는 장면에,
주저 없이 누르는 구독과 좋아요.

새로운 소식 놓칠세라
설정하는 알림까지.
손끝 하나하나에 담긴 진심.

이 모든 것이 바로
언제나 당신의 곁에 머물고 싶은
나의 방식, 나의 언어.
네 존재를 응원하고
네가 만드는 세상을 사랑하는
이것이 사랑이지.

댓글

보이지 않는 화면 뒤에서
쉽게 던져지는 칼날 같은 악성 댓글은 NO.

한 줄의 무심한 글이
누군가의 마음에 깊은 상처를 남기고
때로는 삶마저 앗아간다.

익명성 뒤, 숨은 비겁함.

따뜻한 격려와 위로를 담은
선플은 YES.
작은 응원의 말이 큰 힘이 되고
차가운 세상에 온기가 생겨.

건강한 소통의 공간
지킴이들 모집 중

밈

피드 속 새로운 언어,
빠르게 변해가는 웃음 코드,
요즘 밈은 뭐가 있더라?

뒷북 치지 않으려 애써 찾아본다.

톡톡 튀는 영상과 사진 속에 담긴
세상의 솔직한 이야기들.

나도 그 속에서 함께 웃고 싶다.

어색해도 따라 하기 쉬워.
따라 해야지,
젊음의 대화법.

어제와 다른 오늘을 살아가며
나를 밈 세상에 던져 넣고 있다.

챌린지

유튜브 피드를 넘기다 멈춘 손,
이 영상 속 챌린지 해볼까?

별것 아닌 듯해도 왠지 끌려.
새로운 도전이지만
유혹이 너무 강해.

또 한 번 망설이게 돼
세상의 시선이 두려워도.
성공하면 환호받는 인싸,
실패하면 조용히 아싸모드.

이 두려운 경계선 위에 서서
도전하는 작은 챌린지로
나를 평가하고 있어.

비대면

투명창 너머의 세상처럼
비대면 시대,

서로의 온기를 느끼던 만남은 어렵고,
화면 속에서만 마주하는 그림자들에 익숙해.
마스크 뒤 가려진 미소처럼
너와 내 마음까지 가려졌어.

작은 오해를 키우고
진심은 전달되기 힘들고
소통은 더 어렵고 고돼.

텅 빈 공간 속에서
손을 뻗지만, 누군가에게 닿겠어?
누군가가 내 손을 잡겠어?

06 유머러스

우리의 고민을
즐겁게 풀어내는 순간

그건 더 이상 고민이 아니라
웃을 수 있는 하나의 원동력이 아닐까

다이어트

거울 앞에 서서 또 다짐한다.
내일부터 다이어트,
이번에는 정말 성공할 거야.

흔들리는 마음을 다잡으며
간절한 희망을 품어 보지만,
그 결심은 늘 오늘 앞에서 무너진다.

그러니 오늘만은 먹성 폭발!
이 세상 모든 맛있는 것들이
나를 유혹하는 마지막 밤이라고 생각해

후회는 내일의 몫으로 미룬 채
나는 오늘도 마음껏 즐긴다.

달콤한 죄책감 속에

헬스장

건강을 위해, 혹은 달라질 나를 위해
큰맘 먹고 헬스장 등록은 했는데.
새로운 운동복에 설레던 마음은 잠시뿐.

시작이 반이라 했건만,
그 절반이 왜 이리 힘든가..

매일 아침 '갈까 말까'
망설임은 계속돼.

이불 박차는 건 너무 어려워.
운동복 위로 먼지만 쌓이고,
오늘, 나는 나 자신과의 싸움에서 또 졌어.

먼 헬스장 거리만큼
나의 의지박약.

머피의 법칙

모든 것이 완벽하게 맞아떨어질 듯
잘될 것 같으면
어디선가 드리워지는 불안감.

간절한 바람은 무색해졌어.

작은 균열은 순식간에 큰 구멍이 되고
희망은 언제나 절망으로 바꿔어 있어.

이 빌어먹을 운명,
피할 수 없어
얄궂은 장난처럼
이것이 인생이라 했던가.

선택

메뉴계의 영원한 라이벌
그리고 영원한 난제.
짜장 VS 짬뽕,

쉽사리 결정장애가 돼버린 나.
어느 하나 놓치기 아쉬워.

그래, 인생도 선택의 연속이지.
작은 갈림길에서부터
미래를 가르는 중대한 결정까지.

무엇 하나 쉽게 고르지 못하는
결정장애의 늪에 빠져버려
허우적대고 있지.
빨리! 탈출해!

충동구매

눈앞의 유혹, 참지 못해.
클릭 한 번에 무너지는 여러 다짐들.
어떡해.
충동구매는 나의 힘인걸.
텅 빈 지갑을 알면서도
손은 이미 결제 버튼 위.
순간 큰 만족.

영수증 확인한 순간,
얼굴은 굳고, 자책은 이~만큼!
후회는 내 몫.

집 앞 쌓여가는 택배 상자만큼
내가 밖에서 뛰는 시간은
더 많아지는 아이러니.

07 월화수목금토일

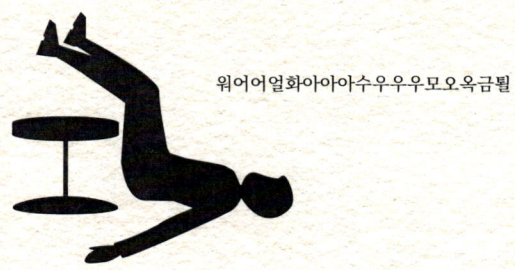

워어어얼화아아아수우우우모오옥금퇼

월요일

주말의 꿈결 같던 시간은 이미 과거이고
월요일 아침은 월요병에 언제나 무거워져.

창틈으로 스며드는 햇살조차
왠지 모르게 부담스럽고 무거워.

알람 소리는 날카로운 비수가 되어
내 단잠에 마구 휘둘러 산산조각 내버리지.

천근만근 움직이지 않는
내 맘도 몸도 무거운 돌덩이.

일주일의 고단함이 미리 찾아온 듯
가슴 깊이 가라앉는 피로감에
오늘도 나는 한숨 쉬며 일어선다.

화요일

월요일에 드리워졌던
짙은 그림자에서 벗어난
화요일, 조금은 나아질까?

어제보단 가벼워진 발걸음,
희미한 희망이 엿보여.
창밖 하늘도 왠지 모르게
어제보다는 맑고 밝아 보이네.

그러나 달력을 보면
아직 주말까지는 너무 멀었어.
휴~
그래도 견뎌야지.
이 지루한 시간의 터널을 지나
마침내 빛에 도달할 때까지.

수요일

앗싸!!
수! 요! 일!
벌써 반 왔네.

지루한 시간아, 톱니바퀴를 빨리 돌려라.

어느새 한 주의 중심에 다다랐건만.
어깨 위에 무게는 여전하다.

수요일 오후,
체감은 아직 월요일 오후 같아.

주말에 대한 갈증 최고!

끝나지 않는 터널 끝! 거의 다 왔어!
조금만 더! 힘내!

목요일

길고 길었던 시간의 터널 끝인

마침내 목요일,

금요일 코앞.

지친 어깨 위로

희망이라는 작은 불씨가 피어올라.

고단 길 끝에

찬란한 빛을 선물할 거야.

금요일

길고 길었던 시간의 끝,
마침내 금요일 퇴근길.

어깨를 짓누르던 피로도
어둠 속으로 녹아 사라지고
발걸음이 저절로 가볍다.

자유를 향한 설렘이 가득하다.

일주일 내내 쉼 없이 달려온 나에게
이번 주 수고했어 하고
다정한 속삭임으로 나에게 칭찬해. 칭찬.

토닥이는 마음속 위로와 함께
오늘도 나는 나를 사랑하며
주말의 품으로 돌아간다.

토요일

알람 없는 아침,
눈을 감고 행복한 상상에 몰입하기 위해
이불 속에서 더 깊이 파고들게 돼.

토요일 늦잠~ING
세상 모든 소음 멀리하고
오직 나만의 시간에 포옥~.
이보다 더 큰 축복이 있을까?

세수도, 옷 갈아입을 필요도 없이
하루 종일 뒹굴뒹굴.
책을 읽고, 영화를 보고,
멍하니 천장만 바라봐도
좋다.
아무것도 하지 않아도 괜찮아.
오늘은 행복하자.

일요일

일요일은 왜 이렇게 모든게 짧아?

낮은 왜 이렇게 시간이 빠른거야?
일요일 밤은 언제부터 이렇게 짧아진거야?

온 갖 모든게 다 물음표야?
없는 물음표도 만들어내는 내 머리 속
부정들.

천천히 왔으면 좋으련만
남은 시간 행복했던 시간들을
되새김질하며
일요일밤의 신데렐라가 되가고 있어.

내 생각대로, 이대로 공감.
전진홍 지음

제1판 1쇄 발행 | 2025년 7월 4일
펴낸이 | 이은서
펴낸곳 | 색안경
주소 | 경기도 하남시 하남대로 830
전화번호 | 070-8098-0323
전자우편 | leeeunseo1211@naver.com
등록 | 제 2025-000034호

디자인 | 이은서, 김나연
ISBN | 979-11-993134-7-7
가격 | 8,000원

ⓒ 전진홍 2025
이 책의 저작권은 저자에게 있으며, 무단 전재와 복제를 금합니다.